CB129901

Experimente a CIÊNCIA

8º ano – 2ª edição

HELENI STROEDER
Doutora em Ciências na área de Parasitologia pela Universidade de São Paulo
Bacharel em Ciências Biológicas pela Universidade de São Paulo
Professora de Ciências da rede particular de ensino na cidade de São Paulo

LUCIANA BARÃO ACUÑA
Mestre em Ciências na área de Ecologia:
ecossistemas terrestres e aquáticos pela Universidade de São Paulo
Especialista em Gestão Ambiental pelo Centro Universitário SENAC
Bacharel e Licenciada em Ciências Biológicas pela Universidade de São Paulo
Professora de Ciências e Orientadora Educacional da rede particular
de ensino na cidade de São Paulo

SIMONE APARECIDA BACIC
Especialista em Ecologia pela Universidade de Guarulhos
Bacharel e Licenciada em Ciências Biológicas pela Universidade de Guarulhos
Professora de Ciências e Biologia da rede particular de ensino
na cidade de São Paulo

SUZANA SOUZA SOUTO DE OLIVEIRA
Doutora em Ciências na área de Ciências Morfofuncionais pela
Universidade de São Paulo
Fonoaudióloga pela Faculdade de Medicina da Universidade de São Paulo
Professora de Ciências e Coordenadora da área de Ciências
da rede particular de ensino na cidade de São Paulo

editora HARBRA

Sumário

Direção Geral: Julio E. Emöd
Supervisão Editorial: Maria Pia Castiglia
Programação Visual e Capa: Mônica Roberta Suguiyama
Fotografias da Capa: Shutterstock
Impressão e Acabamento: Log&Print Gráfica

Experimente a Ciência – 8º ano – 2ª edição

Rua Mauro, 400 – 04055-041 – São Paulo – SP
Tel.: (0.xx.11) 5084-2482
Endereço eletrônico: www.harbra.com.br

ISBN 978-85-294-0536-0

Impresso no Brasil *Printed in Brazil*

CIP-Brasil. Catalogação na Publicação
SINDICATO NACIONAL DOS EDITORES DE LIVROS, RJ

E96

2. ed.

Experimente a ciência 8 / Heleni Stroeder ... [et al.]. - 2. ed. - São Paulo : HARBRA, 2020.
52 p. : il. ; 27 cm.

ISBN 978-85-294-0536-0

1. Ciências - Estudo e ensino (Ensino Fundamental). I. Stroeder, Heleni.

19-61263 CDD: 372.35
CDU: 373.3.016:5

Vanessa Mafra Xavier Salgado – Bibliotecária – CRB-7/6644

Apresentação

O ensino de Ciências além de abordar os princípios científicos gerais, que auxiliam na compreensão do funcionamento do mundo ao nosso redor, também trabalha as possíveis aplicações desse conhecimento para o desenvolvimento de novas tecnologias, que visam não apenas facilitar diversos trabalhos realizados pelo ser humano, mas também melhorar sua qualidade de vida. As vivências e os interesses dos estudantes sobre o mundo natural e tecnológico precisam ser valorizados e os alunos devem ser estimulados a propor alternativas de intervenção na sociedade, tudo isso levando em consideração a importância da conservação dos recursos naturais do nosso planeta.

Deixar de lado a transmissão de conteúdo apenas em aulas expositivas e permitir que o aluno se utilize de diferentes ferramentas para aprender com mais autonomia é um dos grandes desafios para a educação nos dias de hoje. Nessa perspectiva, as aulas práticas tornam o laboratório um espaço de desenvolvimento investigativo, onde o aluno pode construir seu conhecimento por meio do método científico.

Conciliar a teoria com a prática é fundamental, pois, além de despertar a curiosidade pela ciência, também possibilita que o aluno participe de maneira mais ativa no seu processo de aprendizagem, permitindo que ele realize observações, faça questionamentos, elabore hipóteses, colete e analise dados para que, a partir da discussão em grupo ou individualmente, seja capaz de chegar a conclusões.

Esta nova edição aborda os temas previstos pela BNCC (Base Nacional Comum Curricular), estimulando o desenvolvimento de diversas competências e habilidades fundamentais para o aluno do oitavo ano, além de trazer outros conteúdos que complementam o aprendizado global em Ciências. O conjunto de práticas propostas neste volume contemplam dois eixos temáticos propostos pela BNCC: *Vida e Evolução* (os diferentes sistemas do corpo humano e seu funcionamento e a diversidade do reino vegetal) e *Terra e Universo* (instrumentos meteorológicos).

Boas experiências!

As autoras

Segurança nas aulas práticas

Normas de utilização e segurança:

- Sempre lavar as mãos antes e depois das aulas.
- Não levar alimentos ao laboratório.
- Quando for orientado pelo professor, usar luvas descartáveis para a realização das práticas.
- As substâncias químicas não devem ser cheiradas e nem levadas à boca.
- Caso haja quebra de material, o aluno deverá chamar imediatamente o professor.
- O aluno deverá sempre esperar a orientação do professor antes de realizar o experimento.
- Para sua segurança, nunca introduza objetos nas tomadas.
- Cuide adequadamente do material do laboratório, pois ele é parte integrante de seu aprendizado.
- Leve ao laboratório apenas os materiais que serão utilizados durante a aula (livro de laboratório, lápis e borracha para anotações).

CKA/SHUTTERSTOCK

PUHHHA/SHUTTERSTOCK

MICROSCÓPIO ÓPTICO: FOCO E AUMENTO

INTRODUÇÃO: O microscópio, por meio de um conjunto de lentes, é um aparelho utilizado para ampliar estruturas impossíveis de serem observadas a olho nu, como, por exemplo, as células, permitindo seu estudo. Esse aparelho é constituído por uma parte mecânica (estruturas de suporte) e uma parte óptica (conjunto de lentes). O aumento total de um microscópio é igual ao aumento da lente objetiva multiplicado pelo aumento da lente ocular.

Observe a imagem a seguir com as principais partes de um microscópio óptico:

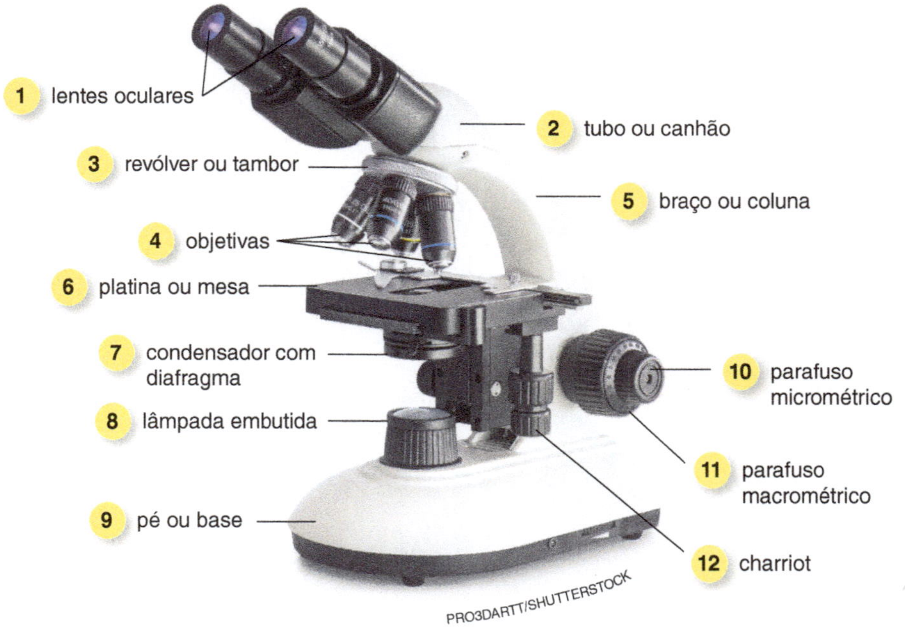

OBJETIVOS

- Treinar o manuseio do microscópio óptico, o ajuste do foco e a escolha da melhor objetiva para visualização de determinado campo visual, utilizando lâminas histológicas previamente preparadas.
- Calcular o aumento total visualizado no microscópio.

MATERIAIS

- lâmina histológica de rim
- microscópio

PROCEDIMENTO

1. Colocar a objetiva de menor aumento na posição e puxar a presillha.
2. Colocar a lâmina sobre a platina no encaixe, soltar a presilha e subir a platina.

3. Utilizar o charriot e colocar o material bem na direção da luz.
4. Com os olhos na ocular, regular o botão macrométrico, até encontrar o material. Com o botão micrométrico focalizar o tecido.

RESULTADOS E CONCLUSÕES

1. Se você quiser ter uma visão geral do tecido, qual objetiva deve usar? E se quiser observar detalhes da imagem?

____

____

____

HELENI STROEDER/ SUZANA SOUZA SOUTO DE OLIVEIRA

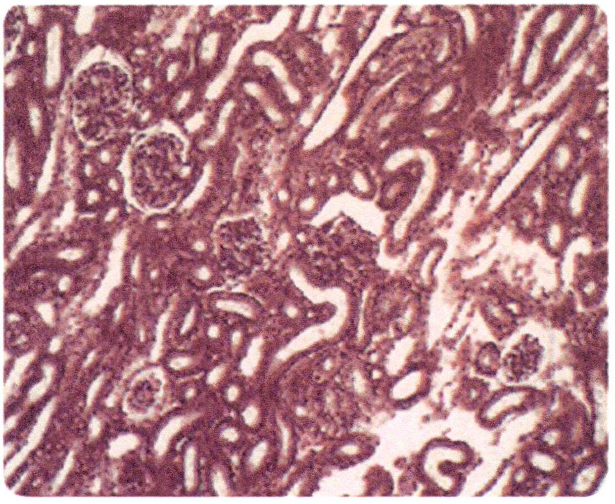

Figura 1

Objetiva: ______________________

Aumento total: ______________________

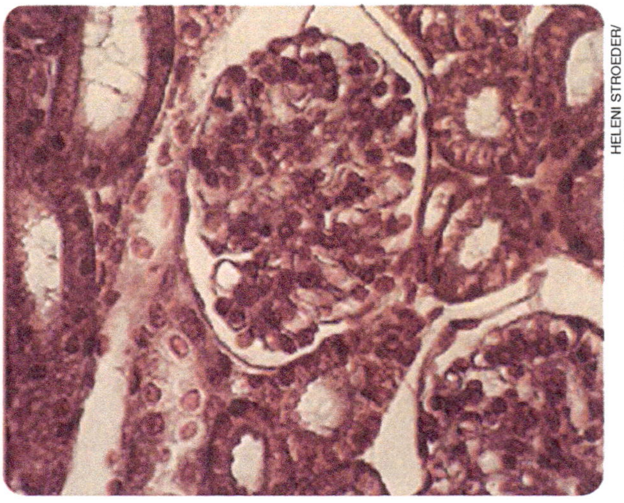

Figura 2

Objetiva: ______________________

Aumento total: ______________________

HELENI STROEDER/ SUZANA SOUZA SOUTO DE OLIVEIRA

2. Observe as imagens a seguir e determine a objetiva utilizada e o aumento total em cada caso.

Objetiva: ______________________

Aumento total: ______________________

Aula 2

PELE HUMANA

INTRODUÇÃO: O corpo humano é constituído por diferentes tipos de células, especializadas em realizar diversas funções que, organizadas em grupos, constituem os tecidos.

A pele é um órgão formado basicamente por dois tecidos: o tecido epitelial de revestimento (cuja principal função é revestir a superfície corporal externa, órgãos e cavidades internas) e o tecido conjuntivo propriamente dito (suas principais funções são o preenchimento dos espaços intercelulares e fazer a ligação entre órgãos e tecidos diversos). Na pele, encontram-se distribuídas as glândulas, formadas por tecido epitelial glandular constituído por um conjunto de células especializadas na produção e liberação de secreção.

OBJETIVOS

- Observar lâminas com cortes de pele.
- Identificar os tecidos epitelial de revestimento, glandular (glândulas sudorípara e sebácea) e tecido conjuntivo propriamente dito.
- Observar tecido conjuntivo adiposo (hipoderme).
- Caracterizar as camadas da pele.

MATERIAIS

- lâminas histológicas de pele previamente preparadas
- microscópio

PROCEDIMENTO

1. Observar a lâmina do corte transversal da pele. Depois, completar o esquema abaixo e comparar com a Foto 1.

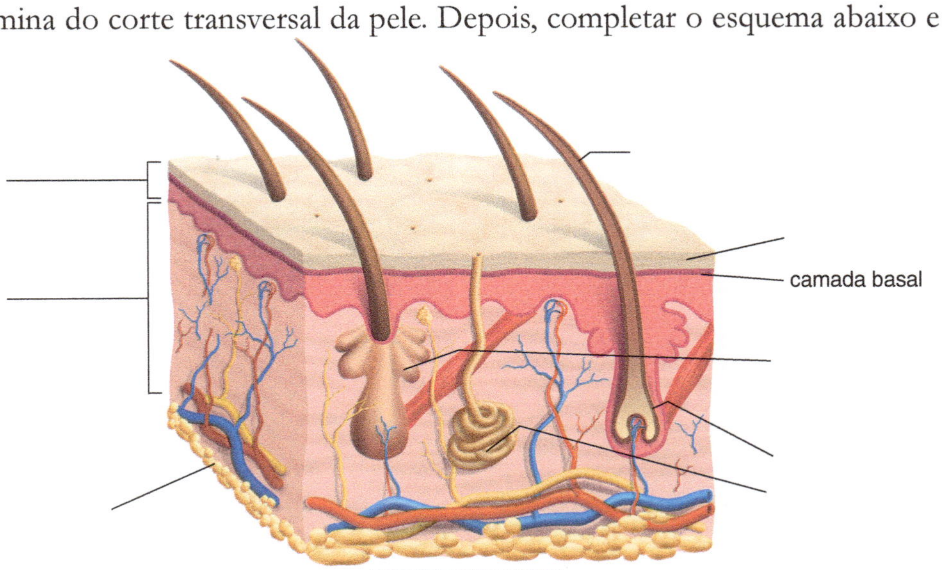

VECTORISM/SHUTTERSTOCK

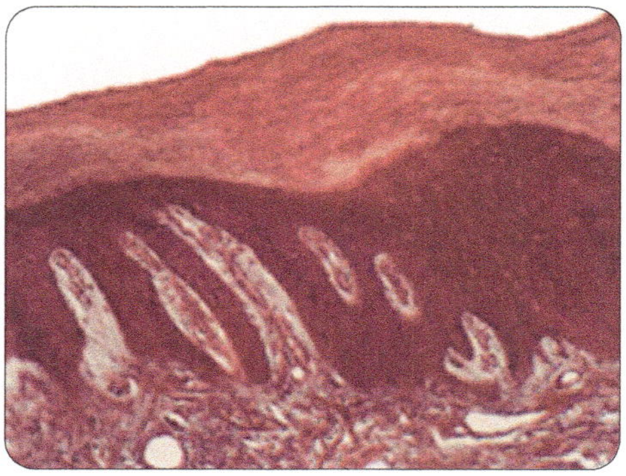

Foto 1

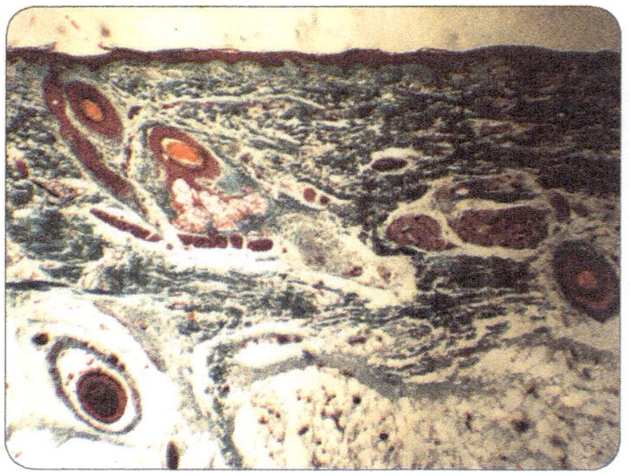

Foto 2

2 a) Após a observação da lâmina de pele humana, caracterizar as duas camadas que formam a pele e completar a tabela abaixo.

	Epiderme	Derme
Tecido		
Células		
Vascularização		
Disposição das células		
Substância intercelular		

b) Caracterizar:

b.1) as glândulas presentes na derme. Determinar o tecido que as formam.

____

____

b.2) a hipoderme e completar a tabela abaixo.

	Hipoderme
Tecido	
Células	
Vascularização	
Disposição das células	
Substância intercelular	

COMPOSTOS ORGÂNICOS NOS ALIMENTOS

Aula 3

INTRODUÇÃO: As células do nosso corpo necessitam de determinados compostos orgânicos para realizar seu metabolismo. Podemos identificar esses compostos nos alimentos por meio de reações químicas (alteração na cor, aspecto etc.), por exemplo.

OBJETIVO: Identificar alguns compostos orgânicos presentes nos alimentos.

MATERIAIS

- amido de milho dissolvido na água
- água com açúcar comum (sacarose)
- creme de chocolate branco dissolvido em água
- tubos de ensaio
- reativo de Benedict
- hidróxido de sódio e sulfato de cobre (biureto)
- glicofita
- leite integral
- papel-filtro
- lugol (ou tintura de iodo)
- estante para tubo de ensaio

PROCEDIMENTO

1 Cada grupo fará os testes dos 4 compostos orgânicos em um tipo de alimento.

Reagentes	Quantidades nos alimentos
Lugol ou tintura de iodo	10 gotas
Benedict	10 gotas e aquecer
Glicofita	deixar alguns segundos em contato com a solução
Biureto	25 gotas

Observação: o papel-filtro deverá ser molhado no alimento pesquisado.

Como representar sua resposta: + indica presença e – indica ausência.

TABELA DE ALTERAÇÕES DOS REAGENTES

Composto orgânico	Reagente	Alteração ocorrida
Amido	lugol (amarelo)	cor roxa
Glicose	Benedict (azul)	cor alaranjada após aquecimento
	glicofita (amarelo)	cor verde / azul
Proteína	biureto (azul claro)	cor lilás / azul
Lipídio		mancha*

* O lipídio adere às fibras do papel (ou tecido), deixando uma mancha.

RESULTADO

	Amido	Glicose	Proteína	Lipídio
Amido de milho				
Açúcar*		*		
Leite				
Chocolate branco				

* O açúcar comum é sacarose, formada por frutose e glicose. O aquecimento quebra a molécula de sacarose e pode-se evidenciar a glicose.

CONCLUSÕES

Dos alimentos testados:

a) Qual(is) é(são) o(s) alimento(s) mais completo(s) em termos de compostos orgânicos?

____

____

b) Qual(is) é(são) o(s) energético(s)

direto(s)? ______________________________

____

indireto(s) (reserva)? ______________________________

____

ATIVIDADE ENZIMÁTICA (AMILASE SALIVAR)

Aula 4

INTRODUÇÃO: Os compostos orgânicos, presentes nos alimentos, nem sempre são encontrados na forma que serão absorvidos pela célula. Na maior parte das vezes precisam ser degradados (digeridos) em compostos mais simples.

A digestão química em nosso organismo acontece com a participação de enzimas, como a amilase salivar.

OBJETIVOS

- Evidenciar a ação da enzima amilase salivar.
- Reconhecer a influência da temperatura sobre a ação da enzima amilase salivar.

MATERIAIS

- tubos de ensaio com solução de água e amido de milho
- saliva (amilase salivar) em temperatura ambiente
- saliva (amilase salivar) fervida
- saliva (amilase salivar) refrigerada
- solução de lugol (ou tintura de iodo)
- estante para tubos de ensaio

PROCEDIMENTO

1. Colocar solução de água e amido de milho em 3 tubos de ensaio e acrescentar em cada um deles:
   1 – saliva fervida,
   2 – saliva refrigerada,
   3 – saliva em temperatura ambiente.
2. Anotar o tempo de contato.

Tubo	Material	Tempo de contato
T_1		
T_2		
T_3		

3. Em seguida, pingar 3 a 5 gotas de lugol (ou tintura de iodo) em cada tubo.

Observação:

Coloração { roxa – indica presença de amido
amarela – indica ausência de amido }

RESULTADOS

Tubo	Resultado	Conclusão
T_1		
T_2		
T_3		

NOTA: A temperatura é um fator que influencia a atividade enzimática. Em baixas temperaturas, uma enzima pode ficar inativa, porém isso pode ser revertido ao aumentarmos a temperatura.

O aumento de temperatura faz com que a agitação das moléculas seja maior e, ao se chocarem com mais frequência, são maiores as possibilidades de reação. Porém, ao ultrapassar determinada temperatura, a agitação das moléculas se torna tão intensa que "deforma" a enzima e ela desnatura, perdendo a sua função, mesmo que a temperatura seja reduzida (processo irreversível).

1. Como a fervura da saliva (enzima) interferiu no resultado?

2. Esboce um gráfico que represente a relação entre a temperatura e a atividade da amilase salivar.

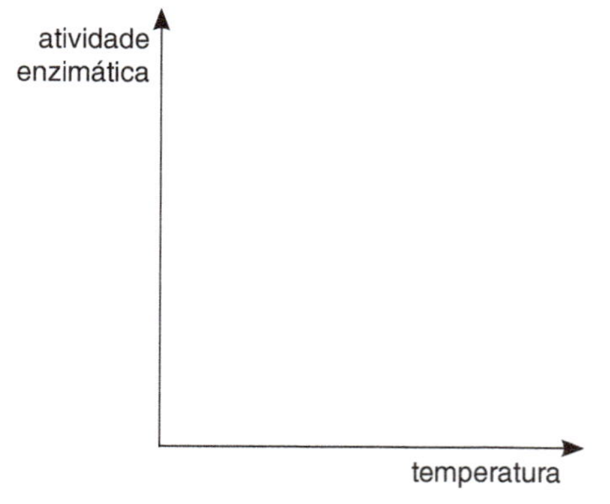

MÔNICA ROBERTA SUGUIYAMA/acervo da editora

CONCLUSÃO

Por que uma febre alta, por tempo prolongado, pode ser perigosa?

Aula 5

SISTEMA RESPIRATÓRIO

INTRODUÇÃO: A principal função do sistema respiratório é realizar as trocas gasosas entre o organismo e o ambiente e, para isso, realiza movimentos respiratórios. Durante esses movimentos, o oxigênio presente no ar inspirado da atmosfera é trocado pelo gás carbônico produzido na respiração celular. Esse sistema é constituído por uma porção condutora e uma porção respiratória.

Experimento 1

OBJETIVOS

- Simular os movimentos respiratórios e identificar a porção condutora do sistema respiratório.
- Observar a anatomia do pulmão.

MATERIAIS

- 1 garrafa plástica pequena cortada, aproximadamente no meio, com a tampa perfurada para passar um tubo de plástico
- 1 bexiga pequena
- 1 bexiga grande
- 2 elásticos
- massinha de modelar para vedar a tampinha
- pulmão de boi

PROCEDIMENTO

1. Fazer a montagem conforme o esquema abaixo.
2. Puxar e empurrar a bexiga grande para colocar o modelo em funcionamento.

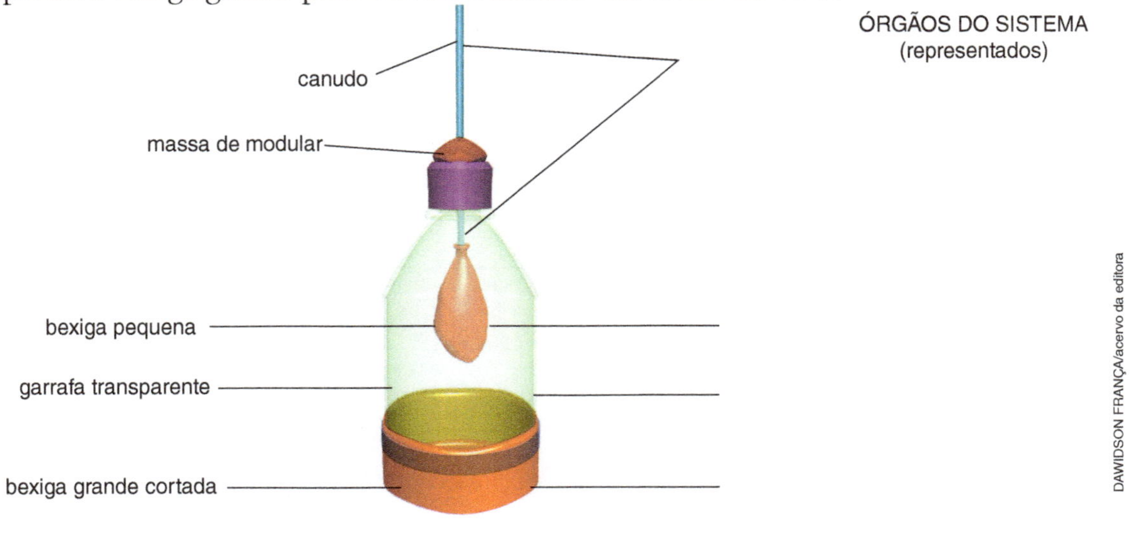

RESULTADOS

1. Complete o esquema da página anterior com os nomes dos órgãos que cada parte do modelo representa.

2. Relacione o que ocorre com o volume e a pressão do modelo, quando:

   a) puxamos a bexiga ______________________________

   ____

   ____

   b) empurramos a bexiga ______________________________

   ____

   ____

CONCLUSÃO

Como os movimentos respiratórios provocam diferença de pressão entre o meio interno e o externo?

____

____

Experimento 2

OBJETIVO: Comprovar a eliminação de gás carbônico (CO_2) na respiração.

MATERIAIS

- 20 mL de solução de hidróxido de cálcio (água de cal)
- 2 béqueres
- canudinhos de refrigerante
- 20 mL de solução de azul de bromotimol

PROCEDIMENTO 1

Assoprar, com o canudinho, na solução de água de cal, contida em um dos béqueres.

RESULTADOS

Cor inicial da água de cal: ______________________________

Cor após a liberação de CO_2: ______________________________

Reação química:

gás carbônico + hidróxido de cálcio → carbonato de cálcio (pó branco, insolúvel)

CONCLUSÃO

____

____

____

____

____

____

PROCEDIMENTO 2

Com o canudinho, assoprar no béquer com solução de azul de bromotimol.

RESULTADO

Cor da solução de azul de bromotimol após a liberação de CO_2: ______________________

Reação química:

gás carbônico + água → ácido carbônico

CONCLUSÃO

____

____

____

____

____

Aula 6

SISTEMA CIRCULATÓRIO

INTRODUÇÃO: O sistema circulatório é formado basicamente pelo coração, vasos sanguíneos e o sangue. A circulação do sangue permite o transporte e a distribuição de nutrientes, gás oxigênio e hormônios para as células. O sangue também transporta as excretas para que possam ser eliminadas do corpo.

OBJETIVOS

- Observar a anatomia do coração e dos vasos da base.
- Observar as válvulas cardíacas.

MATERIAIS

- modelo anatômico de coração humano
- coração de boi

PROCEDIMENTO

1. Observar o modelo anatômico e o coração de boi, completar a figura a seguir, indicando vasos, válvulas e cavidades.

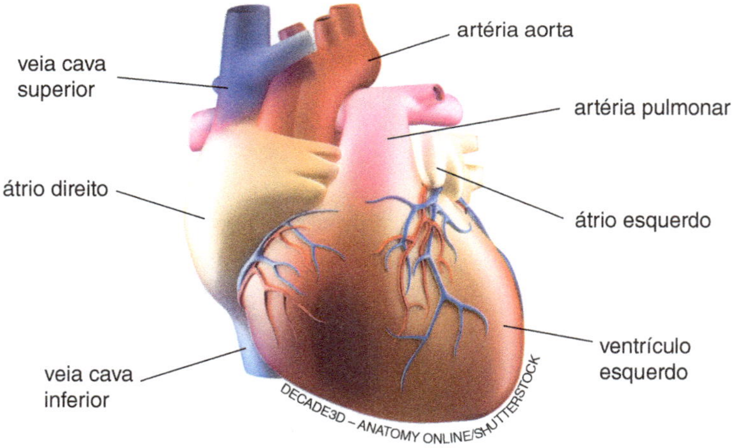

Coração de mamífero visto de frente (fechado).

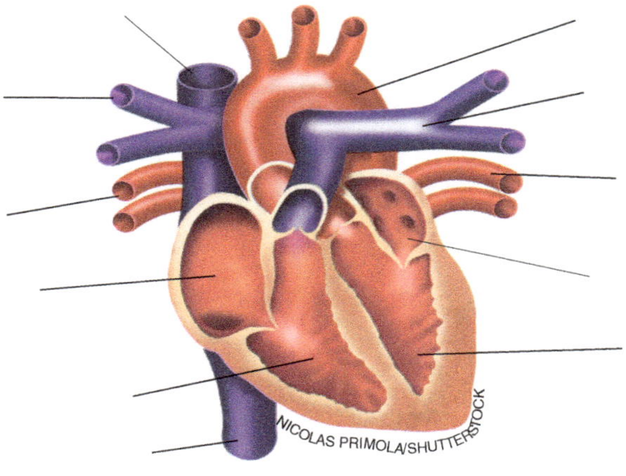

Coração de mamífero (aberto).

Experimento 1

OBJETIVO: Observar e comparar a frequência cardíaca antes e depois de atividade física.

MATERIAL: Cronômetro ou relógio que marque os segundos.

PROCEDIMENTO

1. Colocar três dedos da mão direita sobre seu pulso esquerdo. Quando sentir as pulsações, contá-las durante 15 segundos. Multiplicar esse resultado por quatro para ter o número de batimentos cardíacos em um minuto. Anotar o resultado.
2. Repetir três vezes o procedimento 1. Somar o número de pulsações nos três minutos e dividir o resultado por três. Esse valor é, em média, o número de vezes que seu coração bate em um minuto. Anotar o resultado.
3. Calcular a média de batimentos por minuto em repouso para o seu grupo. Anotar o resultado.
4. Fazer um exercício físico, durante um minuto. Logo em seguida, contar o número de pulsações em um minuto. Anotar esse resultado e compará-lo com o número de pulsações que obteve quando estava em repouso.

RESULTADOS

1. Medida dos batimentos cardíacos antes da atividade física:

1ª medida × 4	2ª medida × 4	3ª medida × 4	Média do aluno	Média do grupo

2. Após a atividade física: ________________ batimentos por minuto.

CONCLUSÕES

1. Compare o seu número médio de batimentos cardíacos com o de seus colegas. Esse número é o mesmo para todos os alunos do grupo? Explique.

____

____

____

2. O número médio de batimentos cardíacos de pessoas adultas em repouso é em torno de 70-80 por minuto. O valor médio encontrado para o seu grupo está dentro desse intervalo?

____

3. Explique qual é a importância do aumento do número de batimentos cardíacos durante o exercício físico.

____

____

Aula 7

TIPAGEM SANGUÍNEA

INTRODUÇÃO: Existe diferença entre o sangue dos indivíduos e essa diferença é caracterizada principalmente por proteínas, presentes ou não nos glóbulos vermelhos, que determinam os tipos sanguíneos.

OBJETIVO: Caracterizar os tipos sanguíneos quanto aos sistemas ABO e Rh a partir da análise de figuras.

RESULTADOS E CONCLUSÕES

1. O que significa, em termos celulares, o tipo sanguíneo?

____

____

2. Complete as tabelas a seguir.

SISTEMA ABO

Tipo de sangue	Antígeno	Anticorpo

SISTEMA Rh

Tipo de sangue	Antígeno	Anticorpo

3. Esquematize o que ocorre nas gotas de sangue da lâmina a seguir, após a adição dos anticorpos, para o tipo sanguíneo B Rh^+

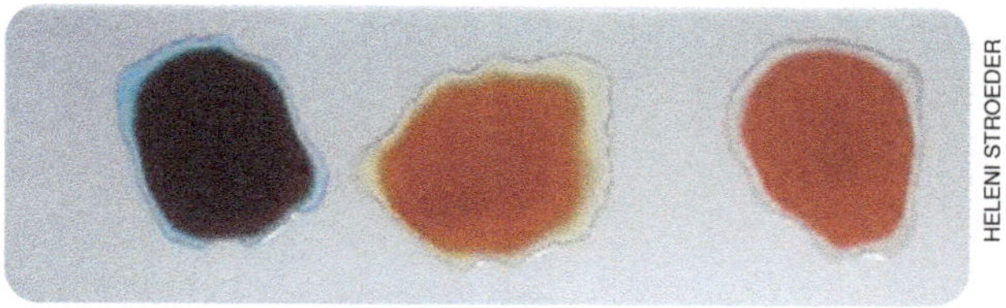

soro anti-A soro anti-B soro anti-Rh

4. Observe alguns exames realizados para tipagem sanguínea e determine o tipo sanguíneo da pessoa. Indique o(s) antígeno(s) presente(s):

ANTÍGENO(S) PRESENTE(S):

____

TIPO DE SANGUE:

____

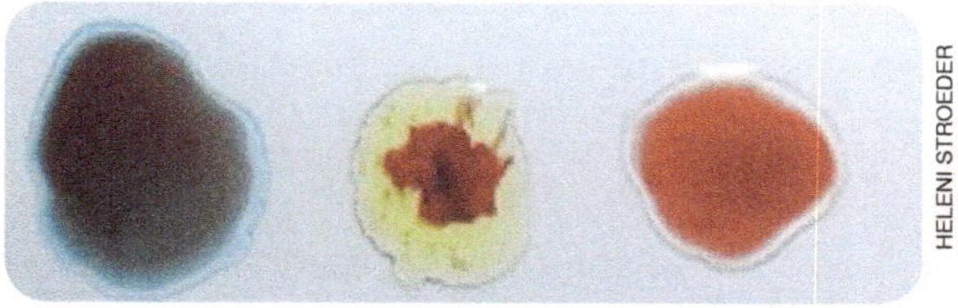

soro anti-A soro anti-B soro anti-Rh

ANTÍGENO(S) PRESENTE(S):

____

TIPO DE SANGUE:

____

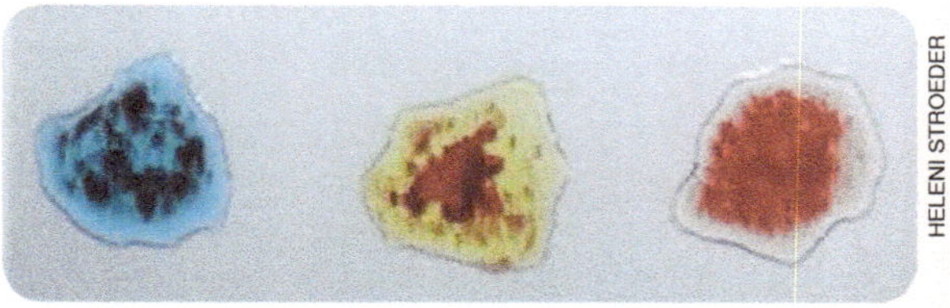

soro anti-A soro anti-B soro anti-Rh

ANTÍGENO(S) PRESENTE(S):

____

TIPO DE SANGUE:

____

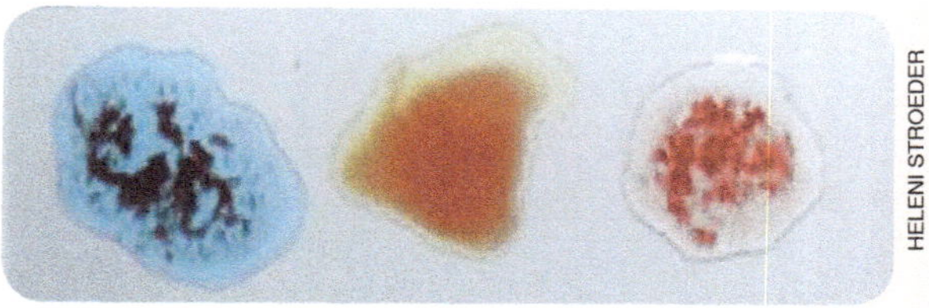

soro anti-A soro anti-B soro anti-Rh

ANTÍGENO(S) PRESENTE(S):

____

TIPO DE SANGUE:

____

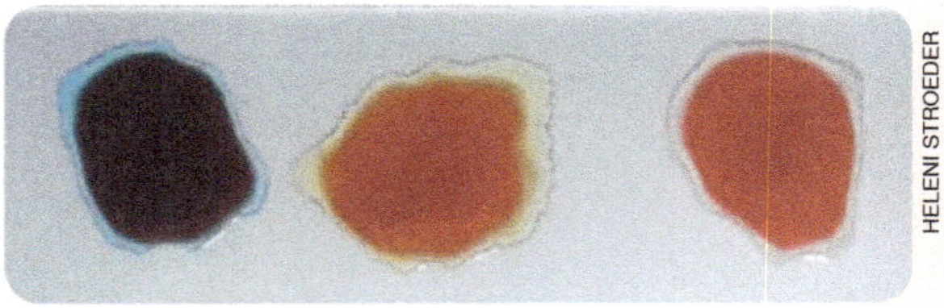

soro anti-A soro anti-B soro anti-Rh

Aula 8

SISTEMA URINÁRIO – ANATOMIA

INTRODUÇÃO: O sistema urinário tem como funções principais filtrar o sangue, retirando dele principalmente excretas e substâncias em excesso, formar a urina e eliminá-la.

OBJETIVOS

- Estudar a anatomia do sistema urinário com utilização de modelo anatômico.
- Observar lâminas do córtex renal.
- Comparar os sistemas urinários masculino e feminino.

MATERIAIS

- modelos anatômicos masculino e feminino
- lâmina histológica do rim
- rim de boi
- microscópio

PROCEDIMENTO 1

1. Observar os dois modelos anatômicos.

RESULTADOS E CONCLUSÕES

1. Complete o esquema ao lado com o nome dos órgãos indicados.

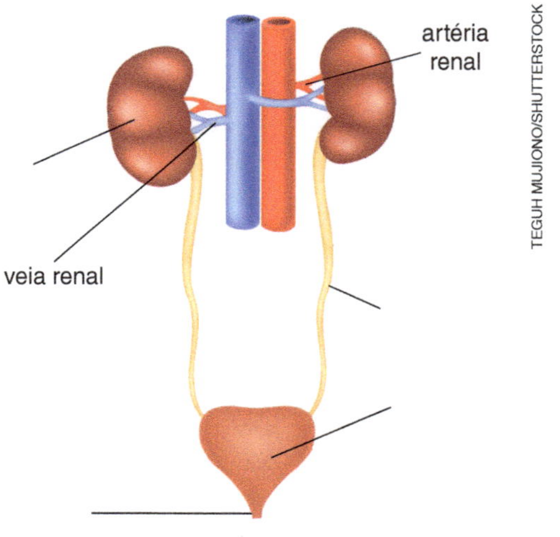

2. Complete a tabela a seguir com as diferenças entre o sistema urinário masculino e feminino.

Masculino	Feminino

PROCEDIMENTO 2

1. Observar o rim de boi.
2. Observar a lâmina ao microscópio.

TEFI/SHUTTERSTOCK

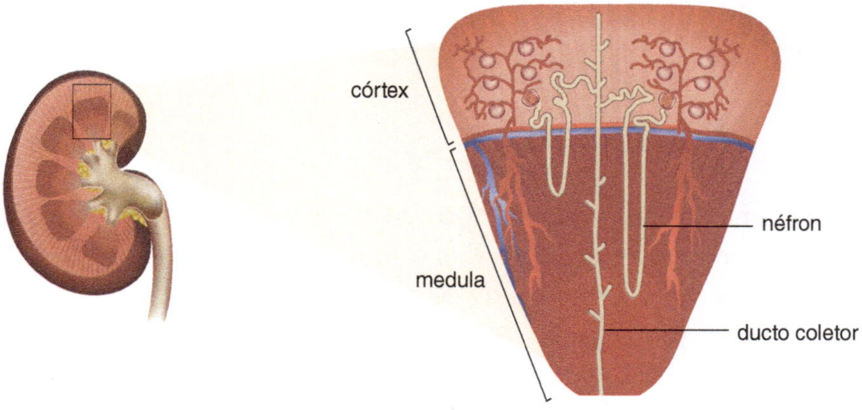

RESULTADOS E CONCLUSÕES

1. Determine as estruturas que se pede:

a) vaso sanguíneo que transporta o sangue que chega ao rim;

____

____

b) vaso sanguíneo que transporta o sangue que sai do rim.

____

____

2. Determine a região do néfron em que ocorre:

a) a filtração: ____

b) a reabsorção: ____

3. Determine a região do néfron localizada no:

a) córtex: ____

b) medula: ____

4. Ao observar a lâmina histológica do rim, qual é a principal estrutura renal que pode ser observada?

____

____

Aula 9

SISTEMA URINÁRIO – EXAME DE URINA

INTRODUÇÃO: O exame de urina do tipo 1 fornece informações importantes sobre algumas doenças ou problemas de saúde que uma pessoa possa ter, assim como dados sobre sua condição renal. Essas informações podem ser obtidas pela análise de algumas características da urina, como, por exemplo, a quantidade, o aspecto físico, a presença ou não de elementos anormais e sua composição bioquímica. Se houver suspeita de infecção urinária, o médico pode pedir também os exames de cultura e antibiograma.

OBJETIVOS

- Analisar um exame de urina, identificar aspectos alterados e interpretar o resultado.
- Conhecer o exame de cultura de bactérias presentes na urina, analisar o antibiograma e o relacionar com a escolha do melhor antibiótico, quando necessário.

MATERIAIS

- tabela com resultados do exame de urina
- figuras de antibiograma

Atividade 1

Analisar o exame de urina a seguir.

	RESULTADO	VALOR DE REFERÊNCIA
	Exame físico	
Volume	50 mL	30-50 mL
Aspecto	turvo	límpido
Cor	amarelo citrino	amarelo citrino
pH	7,1	5,5 a 7,0
Densidade	1,03	1,015 a 1,025
	Exame químico	
Proteína	traços	negativo
Glicose	normal	normal
Leucócitos	1+	0-5 P/C
Corpos cetônicos	negativo	negativo
Hemoglobina	negativo	negativo
Bilirrubina	negativo	negativo
Urobilinogênio	normal	normal
Nitrito	negativo	negativo

Exame do sedimento		
Piócitos	ausente	ausentes
Hemácias	ausente	M: 0-5 P/C; H: 0-3 P/C
Flora bacteriana	ausente	raras
Cilindros	ausente	ausentes
Cristais	raros	ausentes
Células epiteliais	raras	raras

RESULTADOS E CONCLUSÕES

O exame de urina da página anterior apresenta aspectos alterados em relação aos valores de referência, quais são eles? Por que isso seria um indício de que o paciente está com uma infecção urinária?

____

____

____

Atividade 2

OBJETIVO: Entender como é realizado um antibiograma e interpretar seus resultados.

Uma cultura laboratorial é realizada para detectar se há alguma bactéria causadora de infecção. O material coletado (urina ou secreção) é colocado em um meio de cultura: um tipo de alimento para bactérias mais substâncias químicas que alteram a cor, dependendo do material eliminado (excreta) pela bactéria. Esse meio contendo o material coletado é deixado por algumas horas na estufa a 36 °C (temperatura adequada para o crescimento bacteriano). Dependendo da cor obtida, sabe-se qual é a bactéria instalada.

Já o antibiograma é um exame realizado para determinar o melhor antibiótico que possa combater a bactéria causadora da infeção. Em uma placa de Petri, com meio de cultura, é espalhado o material que contém as bactérias e sobre ele são colocados pequenos discos, cada um deles com um antibiótico diferente. A placa de Petri, com as bactérias e os discos, é colocada por aproximadamente 24 horas na estufa. As bactérias se reproduzem e se espalham sobre o meio de cultura, aproximando-se dos discos de antibiótico. Quanto maior o anel formado (distância) entre o disco e o crescimento bacteriano, melhor será o antibiótico.

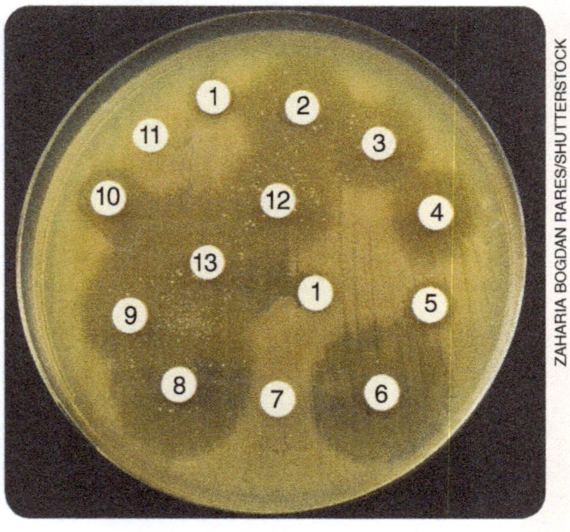

ZAHARIA BOGDAN RARES/SHUTTERSTOCK

Resultado do antibiograma.

RESULTADOS E CONCLUSÕES

Analise o resultado do antibiograma, presente na figura acima. Qual dos antibióticos, presente nos discos (1 a 13), seria o mais adequado para tratar essa infecção urinária? Justifique.

____

____

Aula 10

SISTEMA NERVOSO

INTRODUÇÃO: O sistema nervoso, que é formado principalmente por neurônios, tem como principais funções a interpretação dos estímulos provenientes do ambiente, a coordenação de diversas funções do organismo e a integração entre sistemas.

OBJETIVOS

- Estudar a divisão anatômica do Sistema Nervoso Central com utilização de peça anatômica (cérebro humano e cérebro de boi).
- Observar corte histológico de medula espinhal e de cérebro para visualizar neurônios, diferenciando substância cinza e substância branca.

Divisão anatômica

- Sistema nervoso
  - central
    - encéfalo → cérebro, cerebelo, tálamo e hipotálamo
    - tronco encefálico → bulbo, ponte e mesencéfalo
    - medula espinhal
  - periférico
    - nervos cranianos
    - nervos espinais

MATERIAIS

- modelo anatômico
- cérebro conservado em formol
- lâmina histológica preparada com corte de medula espinhal e de cérebro.
- figuras
- microscópio

PROCEDIMENTO

Atividade 1

1 Observar a figura ao lado (corte frontal do encéfalo), indicar suas subdivisões e a disposição da substância cinza e da substância branca.

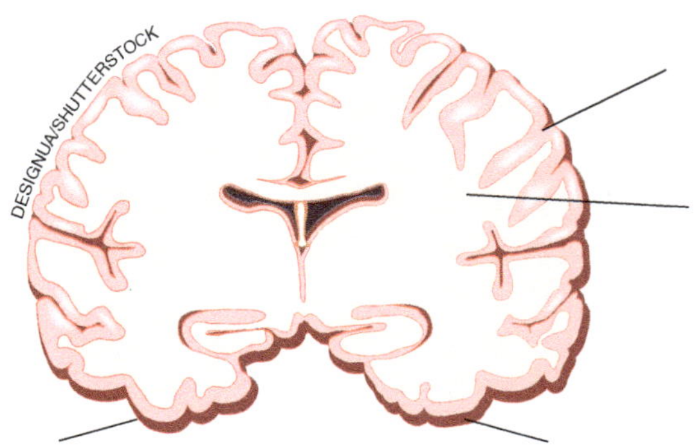

Atividade 2

1 Observar a peça anatômica, identificar suas partes e completar a figura.

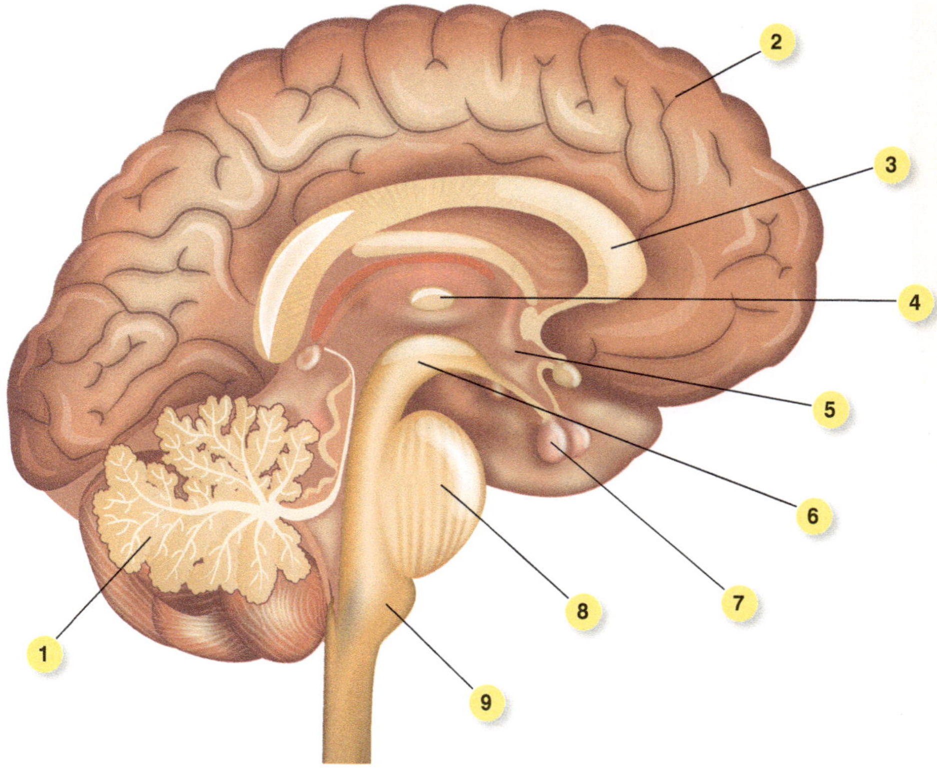

TEFI/SHUTTERSTOCK

Atividade 3

1 Observar a lâmina, no microscópio, e completar a figura.

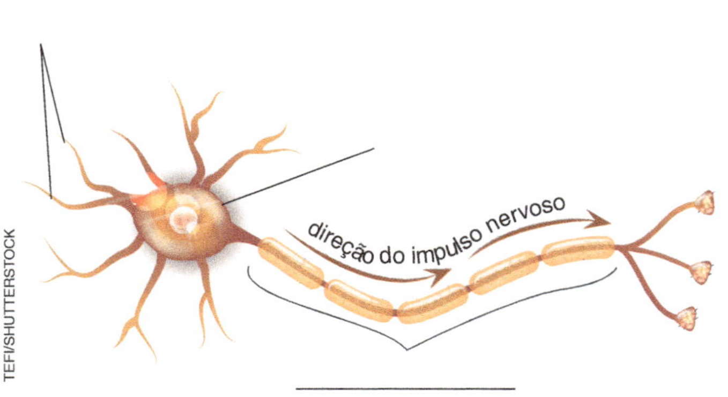

TEFI/SHUTTERSTOCK

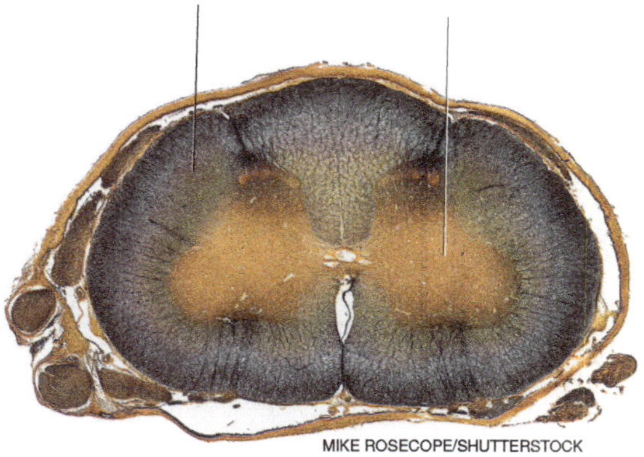

MIKE ROSECOPE/SHUTTERSTOCK

CONCLUSÃO

Diferencie, quanto à composição, a substância cinza da substância branca.

Aula 11

REFLEXO E REAÇÃO

INTRODUÇÃO: O reflexo ou ato reflexo é uma resposta involuntária, muito rápida, que é comandada geralmente pela medula espinhal, ou seja, ele independe da atuação do cérebro. A reação, ao contrário do ato reflexo, é uma resposta voluntária que depende da interpretação cerebral dos diferentes estímulos provenientes do ambiente para ser gerada.

OBJETIVO: Diferenciar reflexo e reação.

Experimento 1

MATERIAL: Banco alto.

PROCEDIMENTO

Em duplas, um dos alunos irá sentar em um banco (alto) sem apoiar os pés no chão, enquanto outro aluno irá bater com a mão (aberta ou fechada) no joelho (abaixo da patela) do colega sentado.

RESULTADOS E CONCLUSÕES

1. Descreva o que aconteceu com a perna do aluno que recebeu a batida no joelho.

____

____

____

____

2. Esse movimento é voluntário ou involuntário? Descreva o caminho do impulso nervoso para que esse movimento ocorra.

____

____

____

____

____

Experimento 2

MATERIAL: Régua de plástico de 30 cm.

PROCEDIMENTO

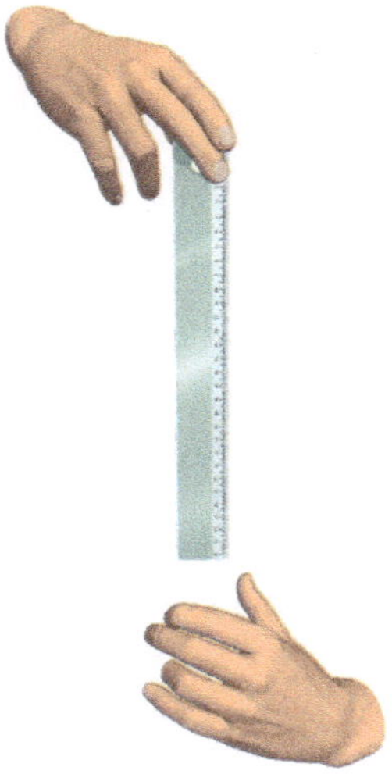

DAWIDSON FRANÇA/acervo da editora

1. Em duplas, enquanto um dos alunos segura a régua, verticalmente no ar, pela extremidade posterior (lado dos 30 cm), o outro aluno coloca sua mão ao redor da outra extremidade da régua (lado do 0 cm), como ilustrado na figura ao lado.
2. Assim que o aluno soltar a régua, o outro aluno deverá tentar pegá-la.
3. Anotar a posição da régua (em cm), onde o aluno conseguiu segurá-la.
4. Repetir o mesmo procedimento mais duas vezes.

RESULTADOS

Tentativa	Medida (cm)
1ª	
2ª	
3ª	

CONCLUSÕES

1. A partir dos resultados obtidos, pode-se concluir que o movimento realizado é um ato reflexo ou uma reação? Justifique.

____

2. Qual é a diferença, em relação aos resultados obtidos nos dois experimentos, entre um ato involuntário (reflexo) e uma reação?

____

Aula 12

MÉTODOS CONTRACEPTIVOS (I)

INTRODUÇÃO: Para evitar uma gestação indesejada podem-se adotar determinados métodos, chamados de contraceptivos. Alguns desses métodos, como a camisinha, além de evitar uma possível gestação, também podem prevenir a contração de uma doença sexualmente transmissível, como, por exemplo, a AIDS, a gonorreia e a sífilis.

OBJETIVO: Reconhecer os métodos anticoncepcionais mais comuns.

MATERIAIS

- camisinha masculina
- camisinha feminima
- diafragma
- DIU
- modelos anatômicos masculino e feminino

PROCEDIMENTO

1. Observar a camisinha masculina e a feminina.
2. Colocar as camisinhas nos modelos anatômicos.
3. Observar o diafragma e colocá-lo no modelo anatômico.
4. Observar o DIU.

MÉTODOS CONTRACEPTIVOS DE BARREIRA: são aqueles que impedem o encontro do espermatozoide com o óvulo.

CONCLUSÕES

1. Camisinha masculina

Vantagens: ______________________________

____

Desvantagens: ______________________________

____

2. Camisinha feminina

Vantagens: ____

____

Desvantagens: ____

____

3. Diafragma

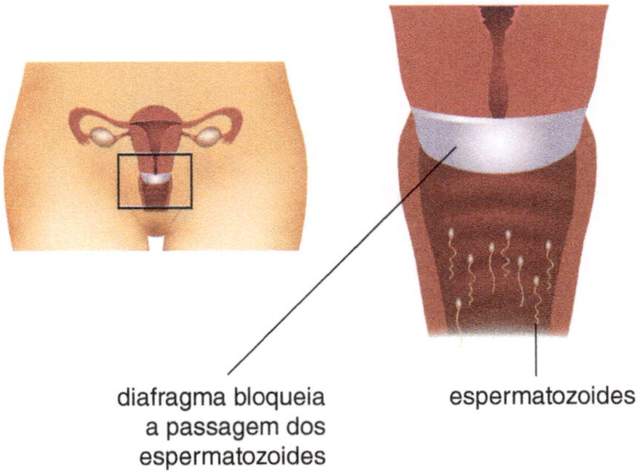

TEFI/SHUTTERSTOCK

Vantagens: ____

____

Desvantagens: ____

____

4. DIU (dispositivo intra-uterino)

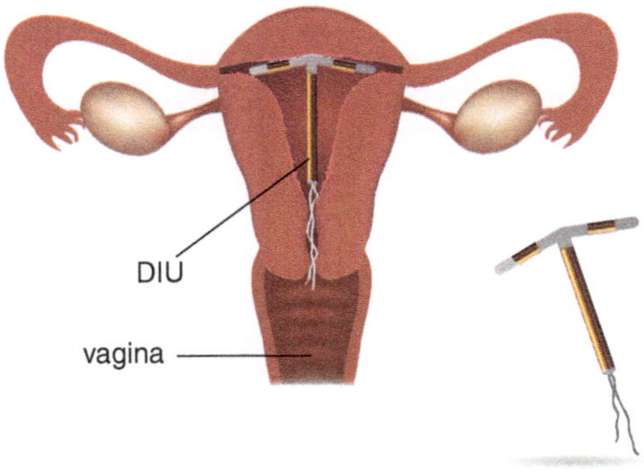

TEFI/SHUTTERSTOCK

Vantagens: ____

____

Desvantagens: ____

____

Aula 13

MÉTODOS CONTRACEPTIVOS (II)

MÉTODOS CONTRACEPTIVOS HORMONAIS: utilizam hormônio para evitar a gravidez.

MATERIAIS

- amostras de pílula anticoncepcional
- pílula anticoncepcional de emergência (PAE)
- anticoncepcional injetável
- implante

PROCEDIMENTO

1. Observar as amostras.

CONCLUSÕES

1. Pílula anticoncepcional

Vantagens: ____

____

____

Desvantagens: ____

____

____

2. Anticoncepcional injetável (1 a 3 meses)

Vantagens: ____

____

____

Desvantagens: ____

____

____

3. Adesivo (semanal)

Vantagens: ______________________________

____

____

Desvantagens: ______________________________

____

____

4. Implante

Vantagens: ______________________________

____

____

Desvantagens: ______________________________

____

____

5. PAE (pílula anticoncepcional de emergência)

Vantagens: ______________________________

____

____

Desvantagens: ______________________________

____

____

Aula 14

MÉTODOS CONTRACEPTIVOS (III)

MÉTODOS CONTRACEPTIVOS COMPORTAMENTAIS: também conhecidos como métodos naturais. Consistem em evitar relações sexuais ou a ejaculação no canal vaginal durante o período fértil feminino.

1. **Coito interrompido:** quando o homem sente que está prestes a ejacular, durante uma relação sexual, ele retira o pênis da vagina e ejacula fora dela.

   Vantagens: ____

   ____

   ____

   Desvantagens: ____

   ____

   ____

2. **Tabelinha:** utiliza-se um calendário para determinar o período em que a mulher está fértil, seguindo o esquema ao lado. Durante esse período o casal deve evitar ter relações sexuais ou utilizar outro método contraceptivo para evitar uma possível gravidez.

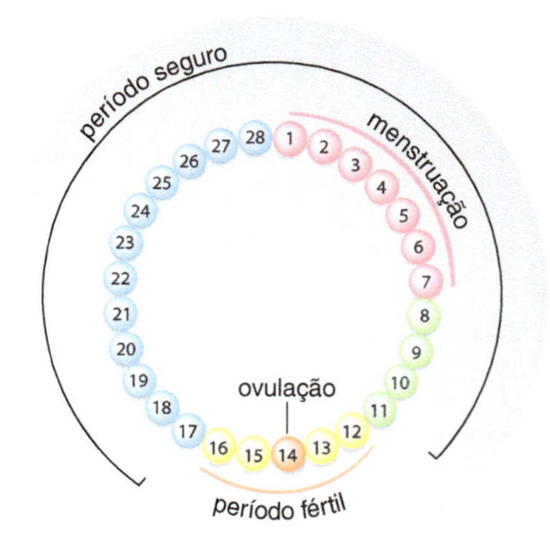

MIUCCI/SHUTTERSTOCK

   Vantagens: ____

   ____

   ____

   ____

   Desvantagens: ____

   ____

   ____

MÉTODOS CONTRACEPTIVOS CIRÚRGICOS: por meio do bloqueio de canais (canais deferentes e tuba uterina) evita-se o encontro do espermatozoide com o óvulo. Esses métodos geralmente são definitivos.

1. Vasectomia

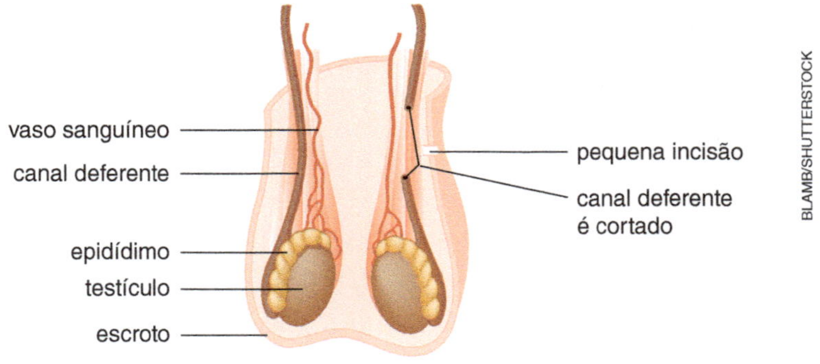

Vantagens: ____________________

____

____

Desvantagens: ____________________

____

____

2. Laqueadura

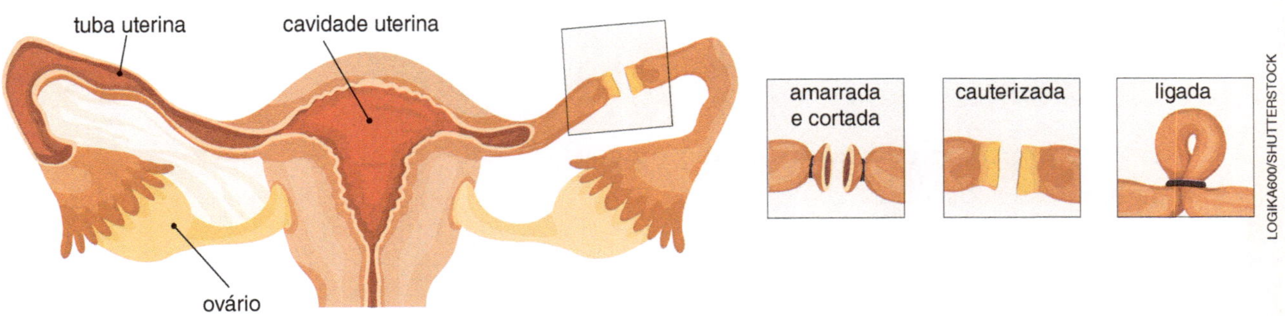

Vantagens: ____________________

____

____

Desvantagens: ____________________

____

____

Aula 15

BRIÓFITAS E PTERIDÓFITAS

INTRODUÇÃO: As briófitas são vegetais de pequeno porte que não possuem vasos condutores. São encontradas em ambientes sombreados e úmidos, sendo os musgos as briófitas mais conhecidas.

As pteridófitas possuem vasos condutores de seiva. Não apresentam sementes. Podem viver sobre o tronco de árvores e arbustos (epífitas) ou mesmo em ambientes aquáticos. Vegetais como avencas, samambaias e samambaiaçus são integrantes desse grupo.

As folhas das pteridófitas são divididas em folíolos; as mais jovens são enroladas e chamadas de báculos. Em muitas espécies, as folhas na época da reprodução apresentam soros distribuídos na face inferior. O caule subterrâneo desses vegetais é chamado de rizoma.

OBJETIVOS

- Observar e identificar as estruturas vegetativas e reprodutivas de briófitas e pteridófitas.
- Reconhecer as principais diferenças entre os dois grupos de plantas.

MATERIAIS

- exemplares de musgos
- exemplares de pteridófitas
- folhas de pteridófitas diversas
- lupa estereoscópica

Atividade 1

PROCEDIMENTO

1. Observar o exemplar de briófita a olho nu e através da lupa estereoscópica.
2. Identificar as estruturas observadas completando as legendas.

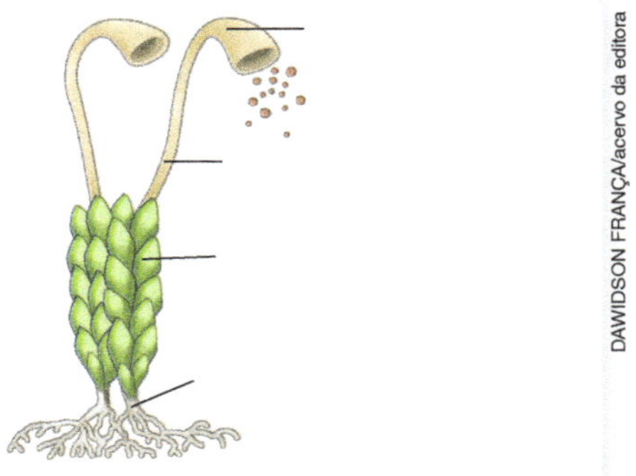

Atividade 2

PROCEDIMENTO

1. Observar o exemplar de pteridófita e completar as legendas do esquema ao lado.

Atividade 3

PROCEDIMENTO

1 Observar as diferentes folhas de pteridófitas e analisar as características do exemplar vegetal não identificado.

RESULTADOS E CONCLUSÕES

1. A que correspondem os pontos escuros observados no verso dos folíolos das folhas de pteridófitas?

____

____

2. A planta não identificada na Atividade 3 é uma briófita ou uma pteridófita? A presença de que característica(s) o(a) levou a essa conclusão?

____

____

3. Completar a tabela com as principais diferenças encontradas nos dois grupos de plantas analisados.

	Briófitas	Pteridófitas
Presença de raiz		
Presença de caule		
Presença de folha		
Transporte interno		
Tamanho		
Fase duradoura do ciclo		

Aula 16

GIMNOSPERMAS

INTRODUÇÃO: As gimnospermas são vegetais que possuem sementes, estruturas com função reprodutiva e que nesse grupo não são envolvidas por um fruto. As gimnospermas mais conhecidas são as coníferas.

OBJETIVOS: Identificar algumas estruturas vegetativas e reprodutivas de gimnospermas, reconhecendo as principais características desse grupo de plantas.

MATERIAIS

- estróbilos femininos e masculinos de *Pinus*
- sementes de araucárias
- ramos de ciprestes

PROCEDIMENTO

1. Observar e analisar cada um dos materiais expostos.
2. Localizar algumas sementes no estróbilo feminino.

RESULTADOS E CONCLUSÕES

1. Qual é a função dos estróbilos?

____

____

____

____

2. Como são chamadas as sementes presentes no estróbilo feminino e como ocorre sua dispersão?

____

____

____

____

3. Observe as estruturas esquematizadas e indique em qual delas se forma o grão de pólen.

Estróbilos.

4. O que está representado nas setas **A**, **B** e **C** respectivamente?

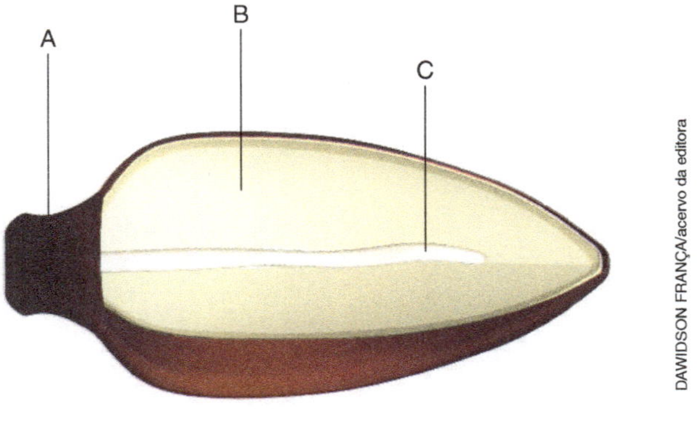

5. Que características presentes no ramo de cipreste poderiam indicar sua classificação como uma gimnosperma?

Aula 17

ANGIOSPERMAS – RAIZ, CAULE E FOLHA

INTRODUÇÃO: O grupo das angiospermas é caracterizado pela presença de frutos protegendo as sementes. Esse grupo de plantas apresenta também raiz, caule, folhas e flor.

OBJETIVOS: Identificar os diferentes tipos de estruturas vegetativas das angiospermas.

MATERIAIS

- exemplares de raízes de coentro, cebolinha e cenoura
- fotos de raízes de *Rhizophora* sp. e de *Avicennia* sp.
- exemplares de caules de batata-inglesa, cacto e gengibre
- fotos de caules do tipo palmeira e bambu
- folhas de diferentes vegetais
- lâmina da epiderme inferior da folha de *Tradescantia* sp.
- microscópio

Atividade 1 – Raízes

PROCEDIMENTO

1. Observar os materiais, esquematizar e classificar os diferentes tipos de raiz.

MATERIAL 1 – raiz de coentro

Tipo: ____________________

MATERIAL 2 – raiz de cebolinha

Tipo: ____________________

MATERIAL 3 – cenoura

Tipo: ______________________________

MATERIAL 4 – *Rhizophora* sp.

DAMSEA/SHUTTERSTOCK

Tipo: ______________________________

MATERIAL 5 – *Avicennia* sp.

CHAD ZUBER/SHUTTERSTOCK

Tipo: ______________________________

Atividade 2 – Caule

PROCEDIMENTO

1 Observar os materiais, esquematizar e/ou classificar os diferentes tipos de caules.

MATERIAL 1 – batata

ELENA09/SHUTTERSTOCK

Tipo: ______________________________

MATERIAL 2 – cacto

DAMSEA/SHUTTERSTOCK

Tipo: ______________________________

MATERIAL 3 – gengibre

Tipo: ______________________________

MATERIAL 4 – palmeira

KITTICHAI/SHUTTERSTOCK

Tipo: ______________________________

BHATTHRATIS M/SHUTTERSTOCK

Tipo: ______________________

MATERIAL 6 – tronco

Tipo: ______________________

Atividade 3 – Folha

PROCEDIMENTO

1 Observar e esquematizar os materiais, inserindo legenda das estruturas.

A – Uma folha com bainha

B – Uma folha composta

C – Uma folha simples

Atividade 4 – Epiderme de folhas

PROCEDIMENTO

1 Observar o material ao microscópio e compará-lo com as imagens abaixo:

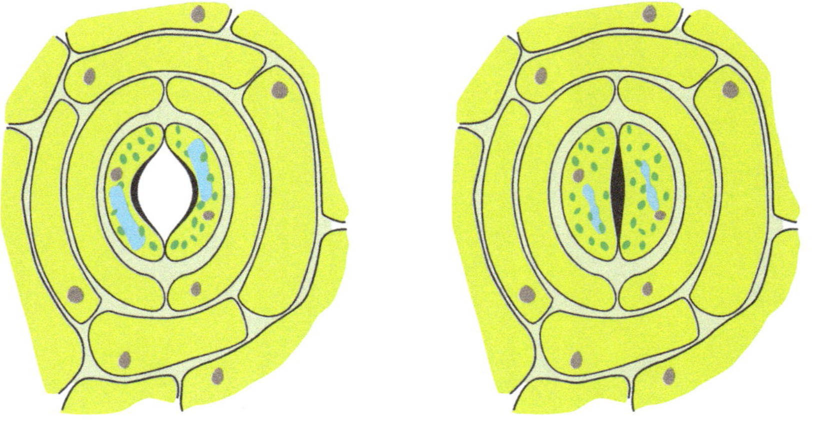

CONCLUSÃO

Qual é a estrutura representada pela figura e qual é sua função para a planta?

____

____

____

____

____

____

FLOR DE ANGIOSPERMA

Aula 18

INTRODUÇÃO: A característica mais marcante das angiospermas é o fruto que, como a semente, é derivado da flor.

OBJETIVOS: Observar as partes da flor e relacioná-las com o fruto e com a semente.

MATERIAIS

- flores naturais (palma de Santa Rita, *Hibiscus* sp. ou outra flor monoica)

PROCEDIMENTO

1. Completar o esquema abaixo.
2. Utilizando as mãos, separar as partes da flor.
3. Colar cada uma das partes em uma folha sulfite.
4. Identificar com legendas as partes coladas no sulfite.

SCIENCEPICS/ SHUTTERSTOCK

Aula 19

INFLORESCÊNCIA, OVÁRIO E TUBO POLÍNICO

INTRODUÇÃO: Em algumas angiospermas, as flores aparecem reunidas, formando um conjunto denominado inflorescência. No interior das flores os óvulos se transformam em sementes e os ovários, em frutos.

OBJETIVOS

- Diferenciar flor e inflorescência.
- Reconhecer uma bráctea e entender sua função.
- Observar o tubo polínico e relacioná-lo com sua função.
- Diferenciar monocotiledôneas de eudicotiledôneas por meio das peças florais.

MATERIAIS

- antúrio ou lírio-da-paz e margarida
- lâmina com tubo polínico
- flor de monocotiledôneas e eudicotiledôneas
- lâmina com corte de ovário
- microscópio

Atividade 1

PROCEDIMENTO

1 Observar a distribuição das flores na inflorescência.

RESULTADOS E CONCLUSÃO

1. Esquematizar as inflorescências observadas.

2. Qual é a função das brácteas nas inflorescências?

Atividade 2 – Lâmina de tubo polínico

PROCEDIMENTO

1 Esquematizar o material observado e fazer legendas nomeando as estruturas.

CONCLUSÕES

1. Qual é a função do tubo polínico?

2. O tubo polínico se desenvolve em qualquer flor? Explique.

Atividade 3 – Flor e ovário

PROCEDIMENTO

1. Observar as flores de monocotiledôneas e eudicotiledôneas.
2. Esquematizar um ovário em corte transversal, mostrando suas subdivisões e óvulos.
3. Esquematizar o pistilo (carpelo), indicando qual de suas partes entrará na formação do fruto e da semente.

CONCLUSÕES

1. Qual parte do carpelo originará as sementes?

2. Qual parte se desenvolverá dando origem ao fruto?

3. Classificar as flores observadas como monocotiledônea ou eudicotiledônea. Como você chegou a essas conclusões?

PROJETO – INSTRUMENTOS METEOROLÓGICOS CASEIROS

Aula 20

INTRODUÇÃO: As previsões do tempo podem ser feitas com dados coletados nas estações meteorológicas. Nessas estações encontramos diversos instrumentos com os quais podemos medir a velocidade do vento, determinar sua direção, medir a temperatura do ar, a quantidade de chuva e a pressão atmosférica, por exemplo.

OBJETIVO

- Construir diferentes instrumentos meteorológicos.

Construção de um pluviômetro

INTRODUÇÃO: Pluviômetro é um instrumento que mede o volume de chuva em determinado período de tempo.

MATERIAIS

- uma garrafa pet lisa de 2 litros
- pedrinhas ou bolinhas de gude (cerca de 10 unidades ou até superar o fundo ondulado da garrafa)
- régua de 30 centímetros
- estilete
- fita adesiva colorida
- água

PROCEDIMENTO

1. Com o estilete, cortar a garrafa pet, a uma distância aproximada de 10 centímetros do bico.

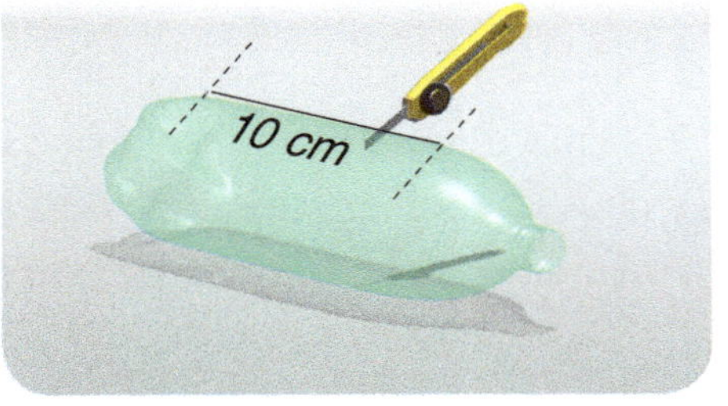

DAWIDSON FRANÇA/acervo da editora

2 Preencher cerca de 5 centímetros da garrafa com as pedrinhas ou bolinhas de gude. Completar com água até cobri-las.

ILUSTRAÇÕES: DAWIDSON FRANÇA/ acervo da editora

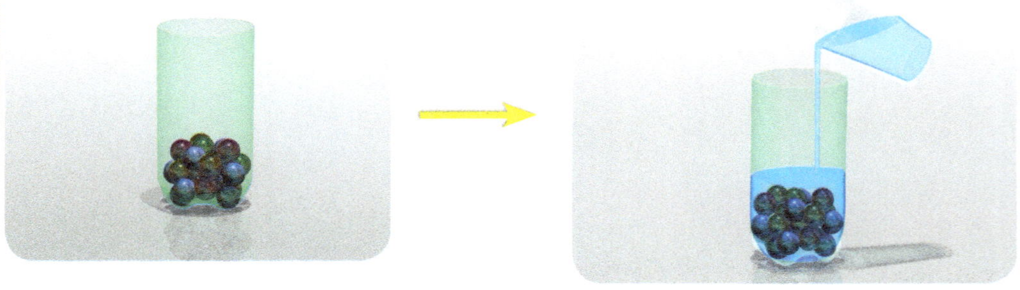

3 Colar um pedaço de fita colorida na altura do nível da água, fazendo uma marca.

4 Com a fita adesiva, fixar a régua na vertical do lado de fora da garrafa fazendo com que o número zero da régua coincida com o nível da água. Cortar a parte que ficar além da garrafa.

5 Encaixar o bico da garrafa de ponta-cabeça na abertura do pluviômetro.

6 Colocar o pluviômetro em um lugar plano e aberto, sem que haja nada acima dele ou dos lados que impeça a chuva de atingi-lo. Após a chuva, recolher o objeto e observar quantos milímetros o nível da água subiu na régua. Essa será a medida da chuva para o período em que a medição foi realizada.

Adaptado de: <https://novaescola.org.br/conteudo/3300/como-construir-um-pluviometro>.
Acesso em: 10 set. 2017.

Construção de um termômetro

INTRODUÇÃO: O termômetro mede a temperatura do ambiente. Com a construção do termômetro abaixo conseguiremos notar variações na temperatura do ar.

MATERIAIS

- garrafa pet de 1 litro
- massa de modelar ou cola quente
- canudo transparente
- água
- corante alimentício (opcional)
- caneta que escreva em plástico

PROCEDIMENTO

1. Encher completamente a garrafa com água. A adição de corante na água facilitará a visualização, mas não é essencial.
2. Fazer uma tira com massa de modelar.
3. Enrolar a massa em volta do canudo (a aproximadamente 5 cm de uma das pontas). Essa massa será usada como uma rolha, portanto deverá ter o mesmo diâmetro que a parte interna do gargalo da garrafa.
4. Colocar o canudo na garrafa e vedar bem com a massa de modelar.
5. Cuidar para que não fique nenhuma bolha de ar na parte interna da garrafa e para que uma das pontas do canudo fique totalmente imersa na água.
6. Nessa etapa, o nível da água dentro do canudo deve estar pouco acima da borda da garrafa. Se não estiver, apertar a garrafa para que a água suba. Enquanto isso, despejar mais água dentro do canudo, ao mesmo tempo em que for soltando a garrafa. Quando o nível da água no canudo estiver um pouco acima da boca da garrafa, o termômetro finalmente estará pronto para ser utilizado.

DAWIDSON FRANÇA/acervo da editora

7. Com a caneta, fazer uma marcação no canudo, na altura do nível da água.
8. Levar a garrafa ao sol durante algum tempo. Observar que o nível da água dentro do canudo subirá. Fazer uma nova marcação.

9 Levar a garrafa para a sombra e fazer novas marcações a cada 2 minutos, enquanto a água da garrafa for esfriando. Aconselha-se fazer medições durante cerca de 20 minutos.

Entendendo o que acontece...

Ao ser aquecida, a água se dilata aumentando de volume. Ao se resfriar, seu volume diminui. Com o aumento ou diminuição da temperatura da água é possível observar a variação de seu volume no canudo. Ou seja, quanto maior a temperatura, maior será o nível da água no canudo e à medida que a água for esfriando o nível da água diminuirá.

Construção de um barômetro

INTRODUÇÃO: O barômetro é um instrumento que mede a pressão atmosférica. Com a construção do barômetro abaixo conseguiremos notar variações nessa pressão.

MATERIAIS

- elástico (aqueles de papelaria, usados para prender dinheiro)
- um pote de vidro vazio (preferencialmente pequeno)
- balão de festa de aniversário
- canudo de refrigerante
- fita adesiva e tesoura
- pedaço de cartolina ou papel-cartão (tamanho A4)

PROCEDIMENTO

1 Encher e esvaziar o balão, para que ele fique mais flexível.

2 Cortar o balão um pouco acima da metade, como na figura ao lado.

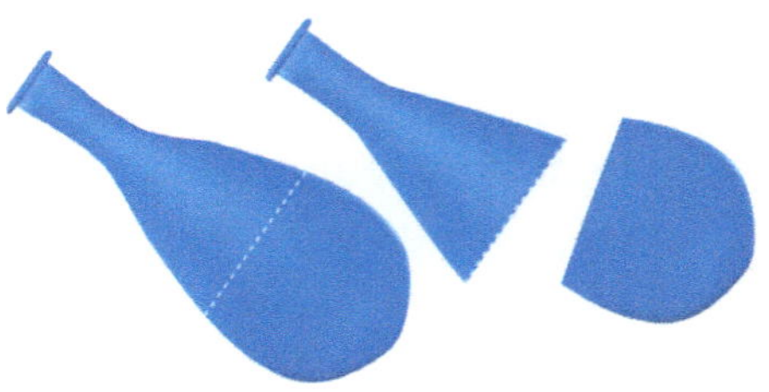

DAWIDSON FRANÇA/acervo da editora

3 Prender a parte de baixo do balão na abertura do pote de vidro. Usar o elástico para manter o conjunto bem preso. Isso é bem importante: se a vedação não for bem feita, o barômetro não vai funcionar adequadamente.

DAWIDSON FRANÇA/acervo da editora

4 Usando a fita adesiva, prender o canudo no centro do topo do pote, exatamente como se vê na figura abaixo. **Importante**: se, por exemplo, você tiver um vidro de 8 cm de abertura, seu canudo deverá ter aproximadamente 12 cm de comprimento. É importante manter o canudo relativamente longo para permitir sua movimentação. Nessa etapa, você já tem seu barômetro caseiro pronto.

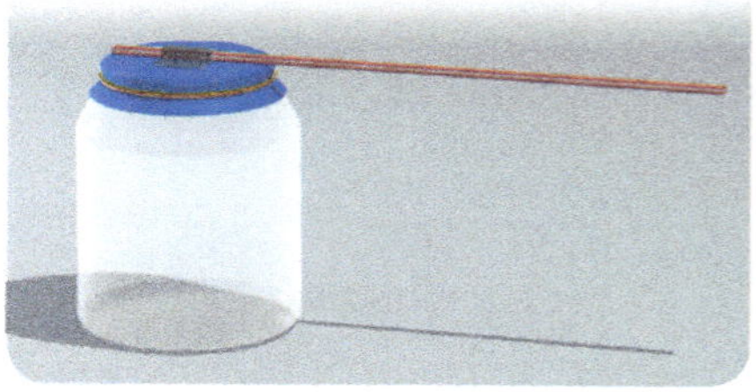

DAWIDSON FRANÇA/acervo da editora

5. Posicionar seu barômetro encostado em uma parede. Atrás do barômetro, colocar a folha de cartolina, como na figura ao lado. É importante que a ponta do canudo fique na frente da folha de cartolina. A figura ao lado indica exatamente o que você deve fazer. Checar seu barômetro todos os dias, fazendo uma marcação na cartolina no local onde a ponta do canudo estiver indicando. Anotar na frente da marcação a data do registro e detalhes sobre o tempo.

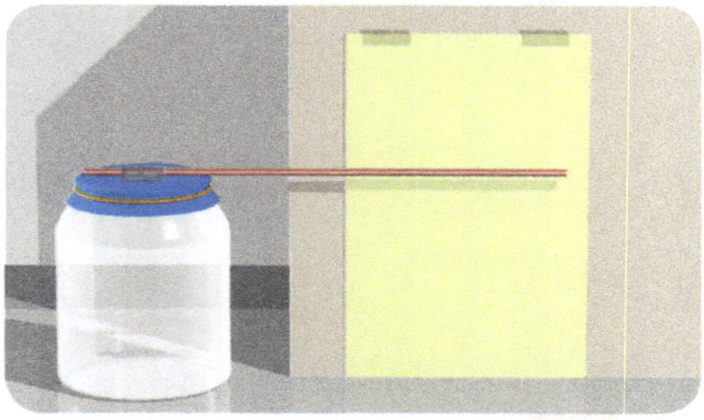

DAWIDSON FRANÇA/acervo da editora

O barômetro construído expressa de forma qualitativa a pressão do ar. Fazendo marcações em dias seguidos você conseguirá notar variações da pressão atmosférica, se a pressão está aumentando ou diminuindo, mas não medi-la exatamente.

Entendendo o que acontece...

Ao diminuir a pressão atmosférica ambiente, o ar aprisionado no interior do frasco, por ter pressão maior, forçará a membrana para fora – o ponteiro baixa na escala (baixa pressão, tempo ruim).

Ao aumentar a pressão atmosférica ambiente, a membrana agora se "abaulará" para dentro – o ponteiro sobe na escala (alta pressão, tempo bom).

Adaptado de: <http://www.wikihow.com/Make-a-Simple-Weather-Barometer>. *Acesso em:* 12 set. 2017.

Construção de uma biruta

INTRODUÇÃO: A biruta é um instrumento que indica a direção do vento.

MATERIAIS

- um copo plástico grande (de, aproximadamente, 500 mL ou 700 mL)
- tesoura
- tecido (de náilon ou outro que seja leve)
- agulha e linha de costura
- barbante

PROCEDIMENTO

1. Cortar o fundo do copo plástico.
2. Cortar um pedaço do tecido e encapar o copo. Deve formar um tubo
3. Dobrar a ponta do tecido na borda superior do copo plástico.
4. Cortar quatro tiras de tecido. Costurá-las na extremidade mais fina da biruta.
5. Cortar dois pedaços de barbante. Cuidadosamente fazer dois pequenos buracos no tecido (em lados opostos) da parte mais larga da biruta. Amarrar os barbantes, depois amarrar as pontas juntas.
6. Pendurar a biruta na varanda ou em algum lugar que possa pegar vento.

Adaptado de: <http://www.comofazer.com.br/como-fazer-uma-biruta>. Acesso em: 12 set. 2017.

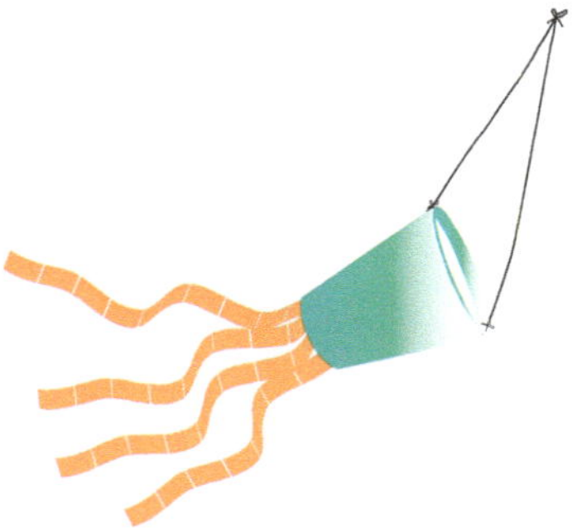

MÔNICA ROBERTA SUGUIYAMA/acervo da editora

Construção de um anemômetro simples

INTRODUÇÃO: O anemômetro mede a velocidade do vento.

MATERIAIS

- corda
- tesoura
- papel crepom
- jornal
- pano fino
- pano grosso

PROCEDIMENTO

1. Amarrar quatro tiras de igual tamanho (uma de papel crepom, uma de jornal, uma de pano fino e uma de pano grosso) em um pedaço de corda, conforme esquema abaixo:

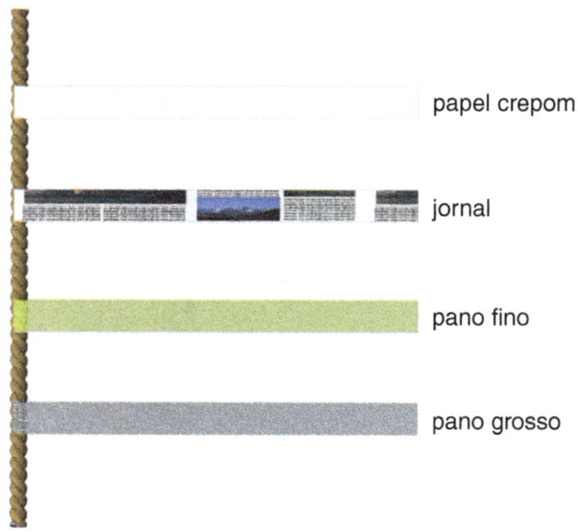

DAWIDSON FRANÇA/acervo da editora

2. Pendurar a corda na varanda ou quintal.
3. Quando o vento soprar suavemente, o papel crepom vai reagir.
4. Quando o vento soprar um pouco mais forte, o jornal vai flutuar.
5. Quando o vento aumentar de intensidade, o pano fino vai fazer ondas.
6. Quando o pano grosso se agitar, você saberá que o vento está soprando bem forte.

Observação: com esse experimento apenas conseguimos observar a variação da velocidade do vento, não sendo possível medir essa velocidade.